2012 경남고성공룡세계엑스포
선정 도서

우당탕탕
공룡톡 생각톡 재미톡

책꾸러기

다른 곳을 찾아보아요

관찰

아주 오래 전 **공룡 친구들**이 살았던 곳이에요.

두 그림을 잘 보고 서로 다른 곳 다섯 군데를 찾아 오른쪽 그림에 **O**해보세요.

같은 것을 찾아보아요

공룡 친구들 앞에 놓인 퍼즐 모양과 완성된 퍼즐 모양이
같은 것끼리 선으로 연결해보세요.

♡

♡

♡

♡ 코리토사우루스

♡ 페테이노사우루스

♡ 알로사우루스

무슨 색깔 옷을 입었을까요?

유추

파란색 옷과 노란색 옷을 입은 **공룡 친구들**이 규칙적으로 서 있어요. 빈 곳의 세 명의 친구들이 무슨 색깔 옷을 입었을지 알맞은 그림에 O해보세요.

1

2

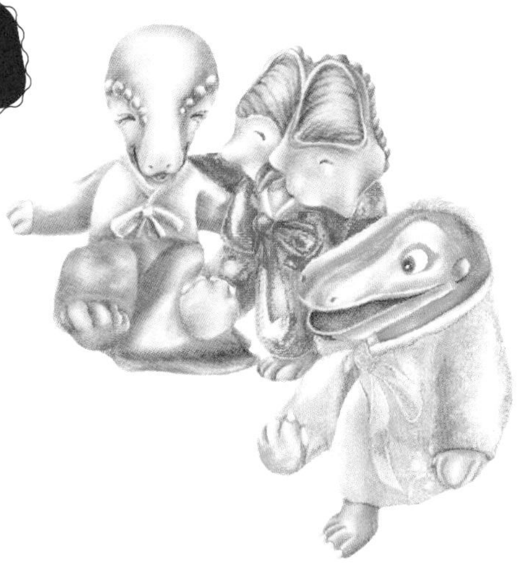

세수하는 공룡에게는 무엇이 필요할까요?　　양치하는 공룡에게는 무엇이 필요할까요?

식사하는 공룡에게는 무엇이 필요할까요?　　응가하는 공룡에게는 무엇이 필요할까요?

청소하는 공룡에게는 무엇이 필요할까요?

축구하는 공룡에게는 무엇이 필요할까요?

머리 감는 공룡에게는 무엇이 필요할까요?

독서하는 공룡에게는 무엇이 필요할까요?

9

브라키오사우루스 Brachiosaurus

특징

  거대한 몸을 유지하기 위해 하루에 2톤에 가까운 나뭇잎을 먹는 공룡이에요. 이 거대한 몸무게를 네 다리로 나누어 지탱하고 두꺼운 발바닥으로 충격을 흡수했어요. 큰 덩치에 비해 뇌는 작았으며 머리 꼭대기에는 콧구멍이 있어요.

식성 초식   **길이** 30m   **무게** 70t

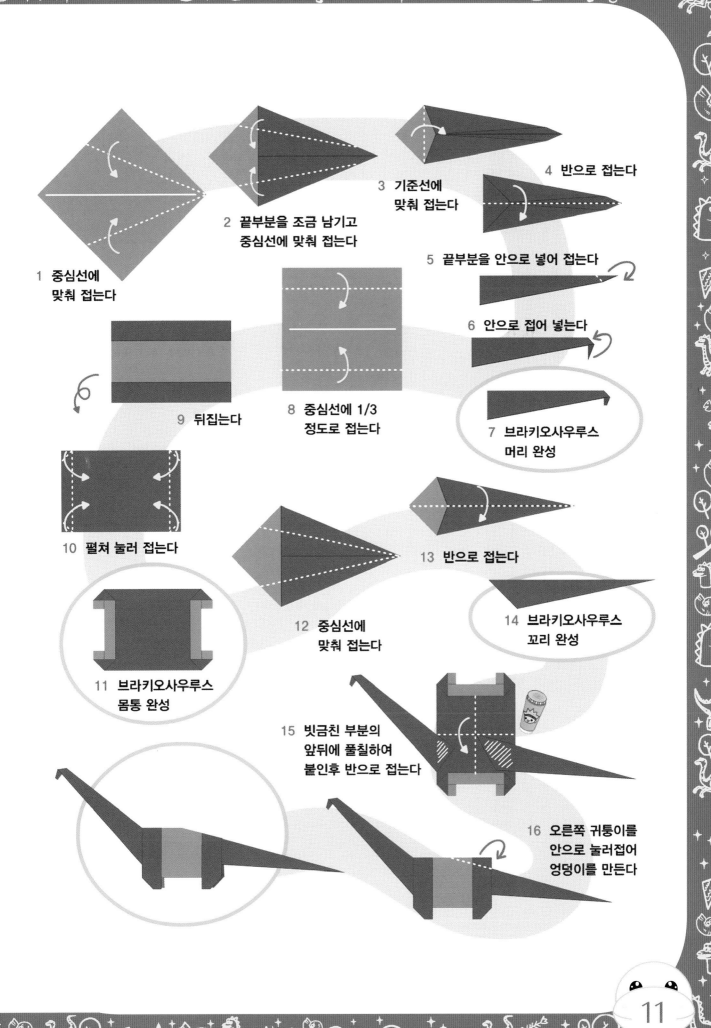

1 중심선에
맞춰 접는다

2 끝부분을 조금 남기고
중심선에 맞춰 접는다

3 기준선에
맞춰 접는다

4 반으로 접는다

5 끝부분을 안으로 넣어 접는다

6 안으로 접어 넣는다

7 브라키오사우루스
머리 완성

8 중심선에 1/3
정도로 접는다

9 뒤집는다

10 펼쳐 눌러 접는다

11 브라키오사우루스
몸통 완성

12 중심선에
맞춰 접는다

13 반으로 접는다

14 브라키오사우루스
꼬리 완성

15 빗금친 부분의
앞뒤에 풀칠하여
붙인후 반으로 접는다

16 오른쪽 귀퉁이를
안으로 눌러접어
엉덩이를 만든다

숨어있는 글자를 찾아보아요

언어

책을 좋아하는 **공룡 친구들**이 서점에 왔어요.

책표지에서 '친구', '오른손', '달님', '아빠', '좋아' 라는 낱말을 찾아 O해보세요.

공룡스티커북

달님이 성큼 내려와

Margaret Wise Brown

마거릿 와이즈 브라운 지음 | 린다 블랙 그림 | 권기대 옮김

내 친구 세계 폴리, 평화를 이룩하다

제임스 프로이모스 글·그림 권기대 옮김

공룡이 제일좋아!

영단어 300개와 함께하는 생생한 공룡 세계

유추

빈칸에 들어갈 글자가 무엇일까요?

그림을 보고 빈칸에 알맞은 글자 스티커를 붙여보세요.

1 | 바 | ? | →

갑

2 | 병 | ? | →

두

? | 대 | 기 | →

3 | 안 | ? | →

찰

영 | 화 | ? | →

4 | 화 | ? | →

수 | 영 | 복 | →

끝말잇기 놀이를 해보아요

사다리를 타고 내려가면서 빈칸에는 알맞은 낱말 스티커를,
풍선에는 그림 스티커를 붙여보세요.

유추

어떤 공룡일까요?

꼬마 탐험가가 땅속에 갇힌 **공룡 친구**를 구하려고 해요.
어떤 공룡의 무늬인지 맞춰보고, 길을 따라 찾아가보세요.

16

생김새가 달라요

관찰

아래 공룡의 이름은 스티라코사우루스, 해남이크누스, 부경고사우루스예요.

오른쪽 그림을 보고 공룡들의 생김새에 맞는 그림에 O해보세요.

1 스티라코사우루스

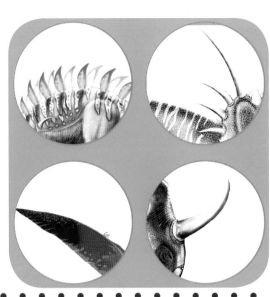

2 해남이크누스

3 부경고사우루스

사회

공룡 친구들이 볼 것도 많고 살 것도 많은 시장에 놀러 왔어요.
무엇이 있는지 이름을 말해보고 스티커로 붙여보세요.

미술

아래 그림에서 '공'과 '룡' 글자를 찾아 색칠해보세요.
멋진 트리케라톱스 공룡 친구가 완성됩니다.

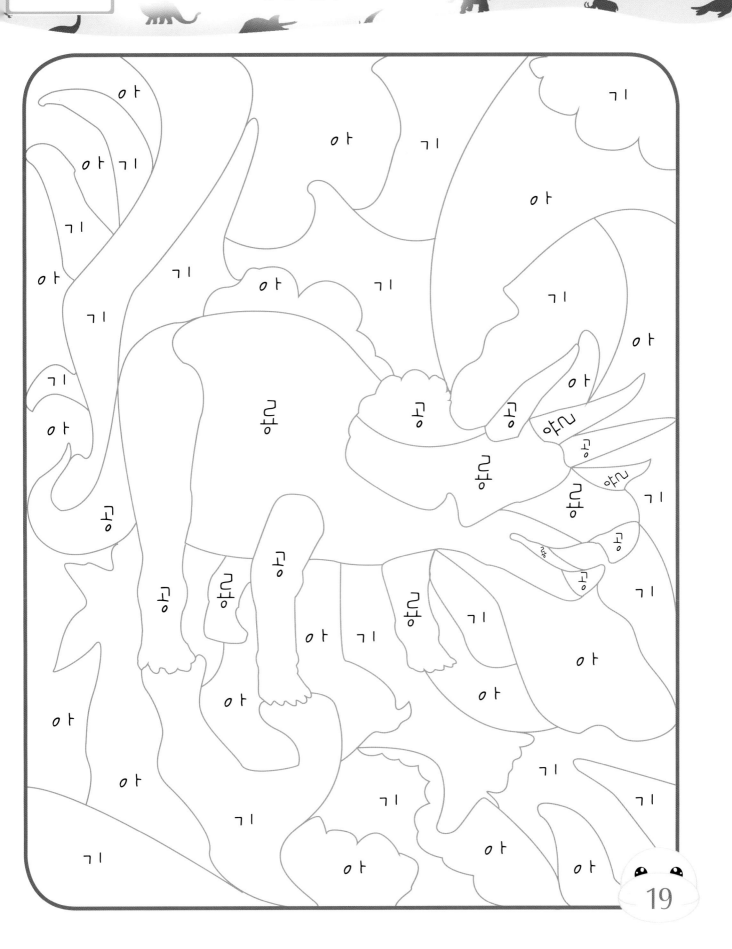

몇 마리가 남았을까요?

공룡 친구들이 줄을 서서 과자가게에 들어가고 있어요.
과자가게 안에 남아있는 공룡은 몇 마리인지 생각해보고 숫자를 써보세요.

냠냠
냠냠
냠냠냠
냠냠
냠냠
냠냠냠

→ ▢ 마리

21

어떤 공룡일까요?

이름에 알맞은 공룡 스티커를 붙이고 숲 속 나무에 가려진 공룡 친구들이
누구인지 선으로 연결하여보세요.

①	②	③
기가노토사우루스	람포린쿠스	오비랍토르

갈리미무스

산퉁고사우루스

브라키오사우루스

자세히 보고 설명해보세요

관찰

채민이가 설명하고 있는 **공룡**을 찾아 **O**해보고
내가 좋아하는 **공룡**을 채민이처럼 엄마, 아빠에게 설명해보세요.

채민

내가 가장 좋아하는 공룡은, 네발 달린 공룡이야.
분홍색 옷을 입고 있고 파란색 운동화를 신었어.
아, 검은색 선글라스도 쓰고 있어!

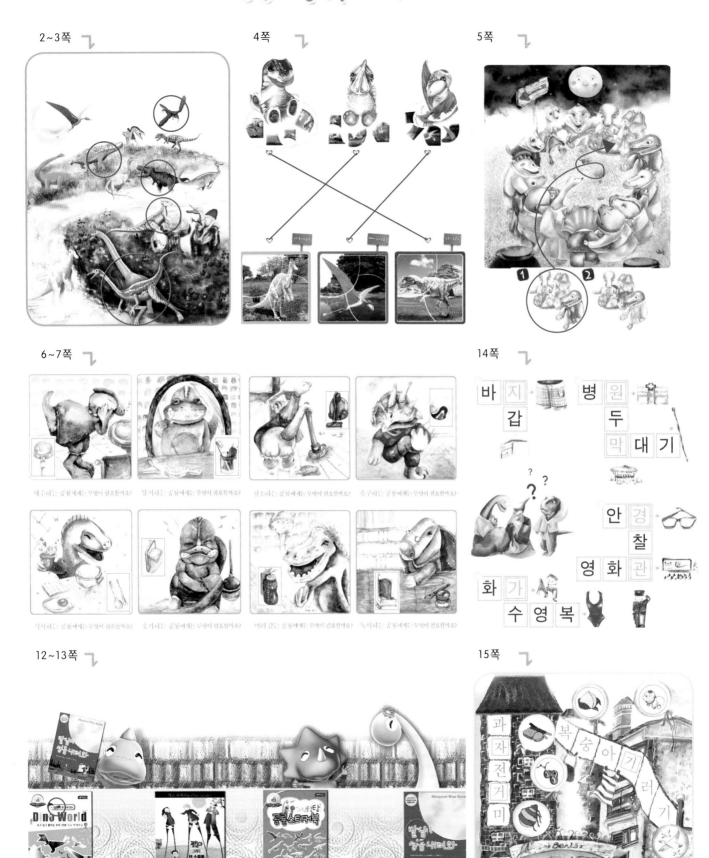

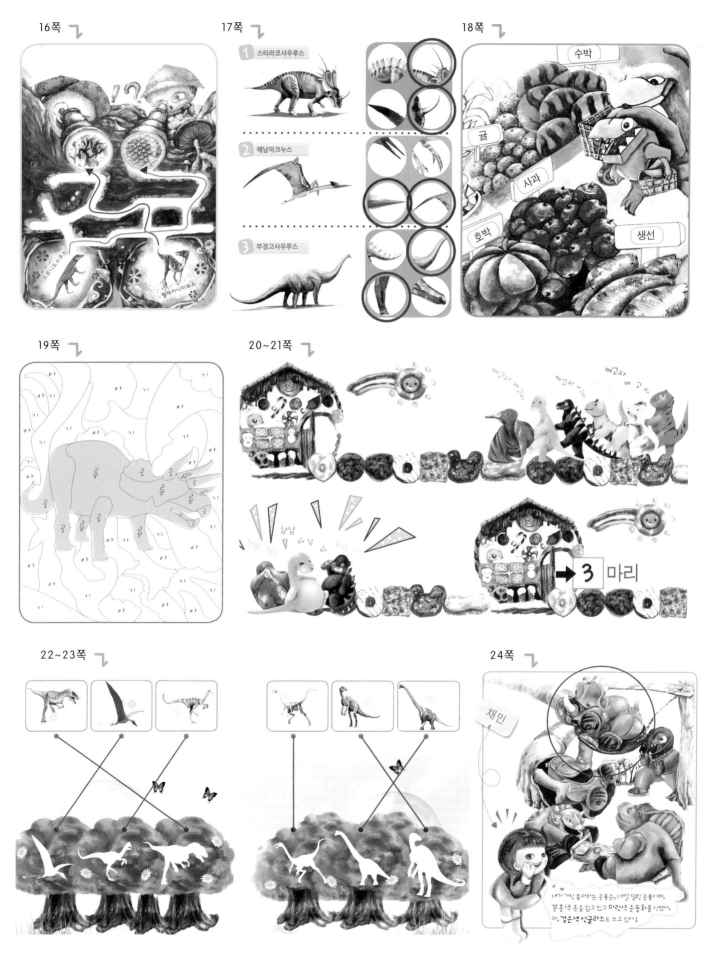

우당탕탕 공룡 생각 재미 톡톡 스티커

6~7 page

14 page

가 경 관

막 원 지

15 page

자 거 기

18 page 굴

사과   수박

생선   호박

22~23 page

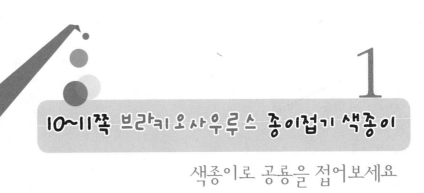

10~11쪽 브라키오사우루스 종이접기 색종이

색종이로 공룡을 접어보세요

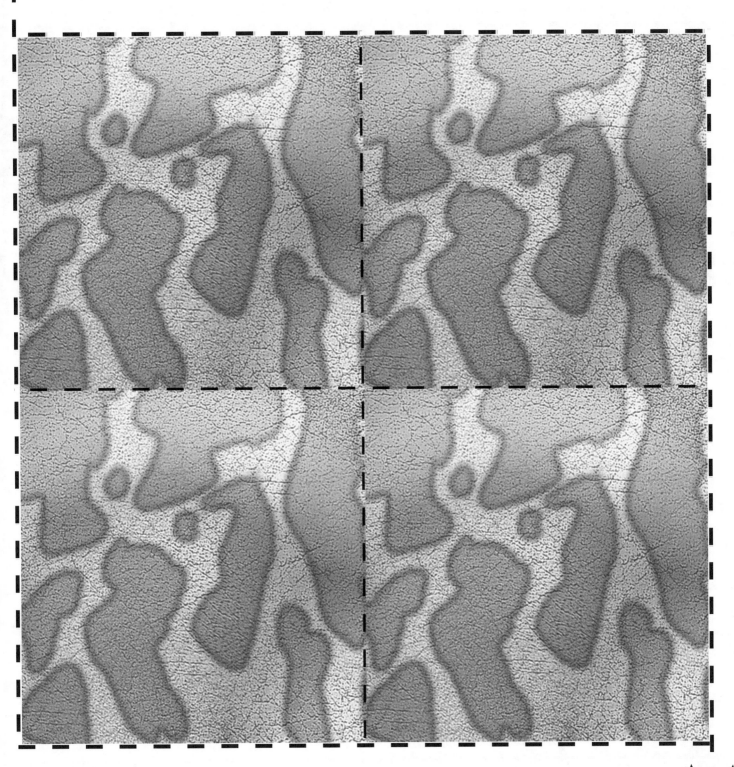

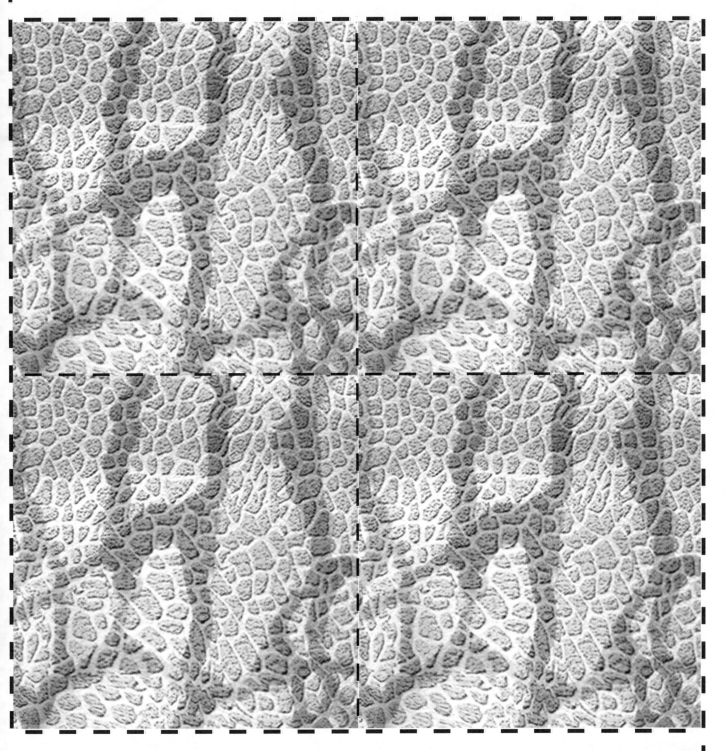